Tout plaquer!

ISBN : 978-2-7029-2683-3

Projet apporté par Cardellina Agency.

www.editions-tredaniel.com

info@guytredaniel.fr
www.facebook.com/tredaniel.bienvivre
@tredaniel_bienvivre

Zoéli

Tout plaquer !

Comment on est devenus paysans

LE COURRIER DU LIVRE
graphic

Cet après-midi, j'ai rendez-vous à la ferme de Camille et Guillaume dans l'Isère.
Camille et Guillaume, je les ai connus il y a onze ans, juste avant qu'ils ne quittent la vie citadine.
Vous avez reçu un message de Camille.
Aujourd'hui, ils vivent à la campagne, s'occupent d'une ferme et ont deux petites filles très dégourdies.
Tourner à droite
horloge
reveil
note
photo
musique
message
cloud
photo
plan
mail
wattou
Camille
Aujourd'hui 13:35
Jeanne 5 ans
Ambre 3 ans
On t'attend. Bisous

Alors Zoéli, il paraît que tu veux faire une BD sur nous ?
Bah oui ! J'ai envie de comprendre quel a été votre déclic pour tout plaquer du jour au lendemain et comment s'organise votre vie à la campagne, quelles sont vos valeurs, vos envies pour la suite…
Pourtant je ne suis pas sûr que ça intéresse grand monde…
Tu rigoles ! C'est trop intéressant !
Allez, c'est parti !
Déjà, dites-moi un peu comment le projet a commencé.
enregistre
Je pense que tout est parti d'une accumulation de choses dans notre vie qui ne nous plaisaient plus.
Pourtant, on ne détestait pas la ville, mais on avait envie de voyage et de nature à ce moment-là.

À l'époque, nous n'avions pas encore d'enfants, j'étais infirmière à l'hôpital et Guillaume travaillait dans une entreprise suisse en tant qu'ingénieur mécanique.

Chaque jour la même rengaine, la journée de Guillaume était ennuyeuse, longue, inutile.
Quelque chose entre le ras-le-bol et la lassitude.

La mienne était déshumanisante et fatigante, elle ne m'apportait plus aucune joie.

Certains soirs nous arrivions à nous croiser malgré nos rythmes déments.
Pff, j'en peux plus de ce boulot ! Je m'fais chier !
Et moi, je suis si fatiguée !
Non mais sérieux, je n'ai aucune perspective d'évolution, mon patron est un imbécile... je gâche mon avenir, Camille !
Et moi alors !! L'hôpital, c'est de plus en plus la merde, je passe de patient en patient sans connaître leurs noms !
Et cette cadence ! Aujourd'hui, j'ai failli me tromper de dosage dans une perf ! Heureusement que ma collègue était là !

Ah oui, ce qu'il faut te dire, c'est que Guillaume avait commencé, dans notre garage, la construction d'une barque en bois.

Et puis, un jour, il s'est dit qu'il était temps de voir si la barque était fonctionnelle. Je me souviens, Zoéli, tu étais venue avec Thomas pour notre première mise à l'eau.
C'est un sacré boulot que tu as fait !
C'est le seul truc qui me permette de ne pas craquer au boulot. Me concentrer sur ma barque !
Tu penses qu'elle va flotter ?
Écoute... on va bien voir ! Allez, c'est parti, les filles nous attendent au lac !

ÉCOLE
VOILE
Salut les filles !
Salut ! Alors, tout est prêt ?

Partez en premier avec Camille, comme ça, si elle ne coule pas, on montera avec vous !!
Bravo la confiance !! Hahaha !
Pour le moment, elle flotte !

Quand je pense que construire cette barque, ça m'a pris tous mes week-ends, mon temps libre… c'était un projet dingue, épuisant… Mais…
si tu savais comme j'ai adoré !!

Franchement, j'ai envie de faire quelque chose de plus palpitant dans ma vie et de plus concret aussi.
Tu vois, j'aimerais qu'on voyage, qu'on voie du pays, qu'on apprenne à faire quelque chose de nos mains ; j'ai besoin de me sentir utile, différemment.

Tu crois que c'est possible ?
Quoi donc ?
Partir ? Là, maintenant, quitter cette vie de métro-boulot-dodo ?
Pourquoi pas, tout est possible !!

Alors chiche !! Faisons-le !
Ok, moi je suis chaud ! ALLEZ VIENS, ON PLAQUE TOUT ET ON CHANGE DE VIE !

Finalement, on l'a vaiment fait ! On a choisi de partir en Nouvelle-Zélande pour une durée de huit mois.
Arrivés sur place, on a acheté un van aménagé et on est partis faire le tour des îles durant quatre mois.
Nous avions aussi très envie de découvrir le travail à la ferme et les animaux.
Mince ! Je dois partir nettoyer le puits avec Michel !
Tu peux prendre les filles avec toi ?

Continue sans moi...
Ok, alors c'est moi qui serai la grande narratrice de notre histoire !
Désolée, pas de répit, à la ferme, toujours quelque chose à faire !
Et, du coup, à quel moment vous vous êtes dit : " j'ai envie de vivre dans une ferme " ?
Mmmm... je dirais...

Lorsque nous sommes arrivés en Nouvelle-Zélande ce fut l'éblouissement !
C'est trop bien le cheval.
Se nourrir de la nature ! Le rêve !
Auckland
La flore était somptueuse, les paysages magnifiques !
Île du Nord
Je veux vivre libre !
Wellington
île du Sud

J'aime trop être dans la nature !!
île du Nord
C'était troublant, je me sentais si libre et vivante.
île du Sud
Alpes néo-zélandaises
woofing
Glenavy
Les Fjords
C'est tellement agréable de vivre dehors !

On appelait régulièrement nos familles lorsque nous étions dans des cafés, l'un des rares endroits où nous avions une connexion wifi.

Plus on avançait dans notre voyage et moins on avait envie de retourner à notre vie citadine.

C'est quoi la suite du programme ?
On a trouvé un woofing* plutôt sympa à 140 km au nord.
Ils ont des moutons et font de la laine.
Trop bien !! Vous allez pouvoir voir si ça vous plaît !
* Il s'agit de travailler dans une ferme bio en échange du gîte et du couvert.
Je vous souhaite une bonne découverte alors, mais vous revenez en France ! Hein ? Promis ?
Haha ! Oui, promis ! Tu ne vas pas te débarrasser de moi comme ça, petite sœur !!

APRÈS AVOIR PROFITÉ D'UN APRÈS-MIDI EN VILLE, NOUS AVONS REPRIS LA ROUTE.
La nuit tombe, il est temps de chercher un endroit où dormir.
Rah ! Mais c'est chiant, on ne trouve rien !
Ça fait une heure qu'on cherche ! Tu ne veux pas t'arrêter ? Je suis épuisée !
Là ! Ce champ ! C'est bien ici !
Je vois pas grand-chose mais ça fera l'affaire !

PEU APRÈS.
Bonne nuit, mon amour !
Bonne nuit, en espérant qu'on ne se fera pas virer en pleine nuit.
5 h 30
VROOOM
6 h 15
VROOOM
6 h 45
VROOOOOM
7 h 00
On devrait aller voir ce qu'il se passe !

* Toute cette conversation eut lieu en anglais.

Je file ! Allez-y, c'est ouvert !
Bah... Euh... It is nice!
Than... Thank you! Bye!

Incroyable la gentillesse des gens ici !
Le type nous connaît même pas, mais il nous fait confiance ! Alors là ! Je suis sur le cul !

Non mais sérieusement, on va peut-être pas aller chez lui, comme ça !
Non, ça ne se fait pas trop.
Ils sont quand même bien accueillants, ces Kiwis !
Ça, c'est sûr ! Allez, direction la ferme !
VRRMM

UN PEU PLUS TARD SUR LA ROUTE.
Oh, tiens, regarde : un petit magasin pour acheter des fruits.
Les produits sont en libre service !!
C'est dingue la confiance qu'ils ont pour laisser ça comme ça !!
BANANAS $ 1.20
WATERMELON $ 2
EGGS $NZ 2.30
APPLES $ 1.10
Prix affichés
Caisse en bois pour mettre l'argent
fruits, légumes ou œufs
Les particuliers ayant un surplus de fruits ou de légumes de leur jardin les vendent dans ce petit étal qu'ils installent au bord de la route.

APRÈS AVOIR ACHETÉ QUELQUES PRODUITS.
Bon, j'imagine que la ferme est au bout de cette route ?
Il y a un panneau.
COB'S FARM
XQ737
La vache, regarde ce cadre... C'est trop beau !!

* Toute cette conversation eut lieu en anglais.

Au fil du temps nous découvrons le travail des paysans.
Nous apprenons à tanner de la peau de mouton...
1 On sale la peau une semaine pour drainer l'eau à l'extérieur.
2 On fait tremper dans un bac et on frotte la laine avec le savon.
3 On cloue la peau sur un mur et on l'étire fort pour la faire sécher (une semaine).
4 On racle le cuir pour enlever les résidus.
5 On racle avec une lame pour assouplir le cuir (opération longue).
à tondre un mouton...
Je suis heureux entouré d'animaux.
nous assistons à la stérilisation des agneaux.

* Toute cette conversation eut lieu en anglais.

Nous avons passé quatre mois tellement fabuleux que j'avais envie de rester là-bas pour toujours.
Mais, même si nous avions trouvé une véritable famille ici, la nôtre nous manquait beaucoup.
Cette expérience avait fait fleurir en moi l'envie de vivre dans la nature avec des animaux.

C'est lors de notre dernière nuit en Nouvelle-Zélande, dans un petit hôtel d'Auckland, que notre projet de ferme a définitivement pris forme.

LE LENDEMAIN.
Tu as réussi à avoir le code du wifi de l'aéroport ?
Oui je suis connecté et on n'a pas de message de ta sœur.
J'en enverrai un à l'escale à L.A.X.
Chérie, hier j'ai commencé à regarder les fermes à vendre, et j'en ai trouvé une à trente minutes de chez mes parents, et dans notre budget !
Par contre, il n'y a pas beaucoup de terrain...
Oui, mais ça coûte rien d'aller visiter.

EMBARQUEMENT POUR LE VOL NZ 6 À DESTINATION DE L.A.X....
J'envoie un e-mail, c'est à côté d'un petit village touristique en plus.
Allez, c'est parti pour vingt-six heures de voyage !
Ça va faire du bien de revoir notre famille !
J'ai hâte de rentrer en France. Ça va faire bizarre de parler français.
C'est sûr, mais on rentre avec un projet trop cool. Du coup, j'ai même hâte, je suis vraiment excité !

Imagine : on prendrait des moutons, des poules et des lapins. J'aime bien les lapins !
Oui et un cheval, des chèvres, des chats et des chiens !! Tout plein d'animaux !!

J'étais contente de revoir ma famille et de leur faire part de notre décision !
Bon, on a une nouvelle à vous annoncer...
Non, maman !
Tu es enceinte ?
On va s'installer à la campagne et acheter une ferme.
HEIN !? MAIS C'EST QUOI CETTE BLAGUE ??!
C'est pas une blague, Papou. On va vivre au milieu des champs avec des animaux.
Dit comme ça, ça fait un peu La Petite Maison dans la prairie.

Toi, t'es ingénieur, tu as des capacités intellectuelles de dingue, tu avais une bonne situation professionnelle en ville et tu vas aller vivre dans une ferme ! Quel gâchis !!
Vous exagérez ! C'est un peu fort.
Tu sais, moi, je me suis battu pour quitter la campagne, gravir les échelons et devenir ingénieur !! À mon époque, personne ne voulait rester dans la ferme !!
C'est une autre génération, maintenant les jeunes veulent vivre leur rêve et pas avoir uniquement un métier qui rapporte.

Mon papa, adorable, essaye de calmer un peu le jeu.

Le dîner s'est achevé de façon plus légère, nous avons raconté notre voyage avant de reprendre tranquillement la route.

Guillaume, qui avait grandi à la campagne, pouvait se projeter dans une vie champêtre et libre qui lui rappelait son enfance.

1995
Guillaume passe sont enfance entre la maison de ses parents et la ferme de son grand-père.

Quand il n'est pas à l'école, il adore accompagner son grand-père dans toutes les tâches de la ferme.
Son grand-père n'est pas bavard mais Guillaume apprend en l'observant.

En grandissant, il devient autodidacte et sa curiosité le pousse à démonter tout ce qu'il trouve.
Oh bah, Guillaume ? Mais tu as démonté ma radio !?

Dans cette famille de quatre enfants, Guillaume est le plus bricoleur.

Il aime aussi passer beaucoup de temps dans la nature
et c'est un amoureux des animaux.

Sa chambre ressemble au labo de Léonard de Vinci, un vrai petit génie de l'invention et de la création !
Création d'un arc à 6 ans.
VIS
Assemblage d'une voiture télécommandée à 10 ans.
Fabrication d'une caisse à savon à voile à 12 ans.
Démontage du moteur d'une 2 CV à 16 ans.
Construction d'un bateau en bois à 8 ans.

Quant à moi, je viens d'une famille de la classe moyenne, installée près de la Suisse. Une vie à la campagne entre le lac Léman et les montagnes.
Une mère laborantine à l'hôpital
Un père commercial
SUISSE
FRANCE
Ma sœur et moi, quand nous étions petites, jouions beaucoup dans le jardin et dans le champ à côté avec les vaches.
Ma famille était proche de la nature et allait souvent en montagne faire des activités.
Aussi loin que je me souvienne, j'adorais les animaux mais ma mère n'aimait pas vraiment ça.
Alors, avec ma sœur, on faisait des élevages d'escargots.

Petite déjà, je jouais à la fermière.
Les lapins ici et les vaches là-bas.
vache
Cheval
Ou à la vétérinaire.
Attention monsieur Pipin, il ne faut pas bouger pendant la piqûre !
LE CHEVAL
Bref, nous avons tous les deux eu des enfances champêtres et bucoliques, ce qui explique peut-être aussi notre ras-le-bol de la vie citadine.

Le jour de la visite de la ferme est vite arrivé.
Alors, le jardin est en friche et c'est un peu le bazar partout ! Mais c'est très charmant !

La bâtisse n'est pas habitable mais vous pouvez la rénover, il y a encore les quatre murs ! D'où le prix de 160 000 € !

Ici, vous avez une petite bergerie et là, les clapiers pour les lapins.
Euh... le tracteur, la camionnette, les charrettes à chevaux et les outils restent ?
Oui, bien sûr, monsieur.

C'est vraiment mignon ici.
Oui, mais c'est pas grand, on n'a pas assez de terrain pour y mettre des animaux !!
Oui, le terrain ne fait « que » 2 hectares, mais c'est votre jour de chance car j'ai aussi 5 hectares supplémentaires à la location.
Mais trop bien ! Avec 5 hectares de plus, on peut faire un truc sympa !
Oui, carrément.
Très bien merci, on vous rappelle rapidement.

De retour chez la mère de Guillaume, où nous logions temporairement.
Avant d'acheter la ferme, on doit absolument avoir l'autorisation de la mairie d'installer une yourte sur le terrain.
C'est ça qui va conditionner l'achat, car la bâtisse est un tas de ruines et on n'a pas les finances pour la retaper tout de suite, surtout avec ce que nous coûte la ferme.

C'est sûr qu'on ne peut pas acheter ce bien si on n'est pas certains de pouvoir y installer un habitat léger temporaire.
Je vais écrire un e-mail à la maire du village.
Il paraît que c'est vraiment compliqué d'installer un habitat léger ! Les mairies refusent à chaque fois !
Je sais maman, c'est bien pour ça que je dois trouver de bons arguments. Déjà je vais lui parler de nos projets et on verra bien.

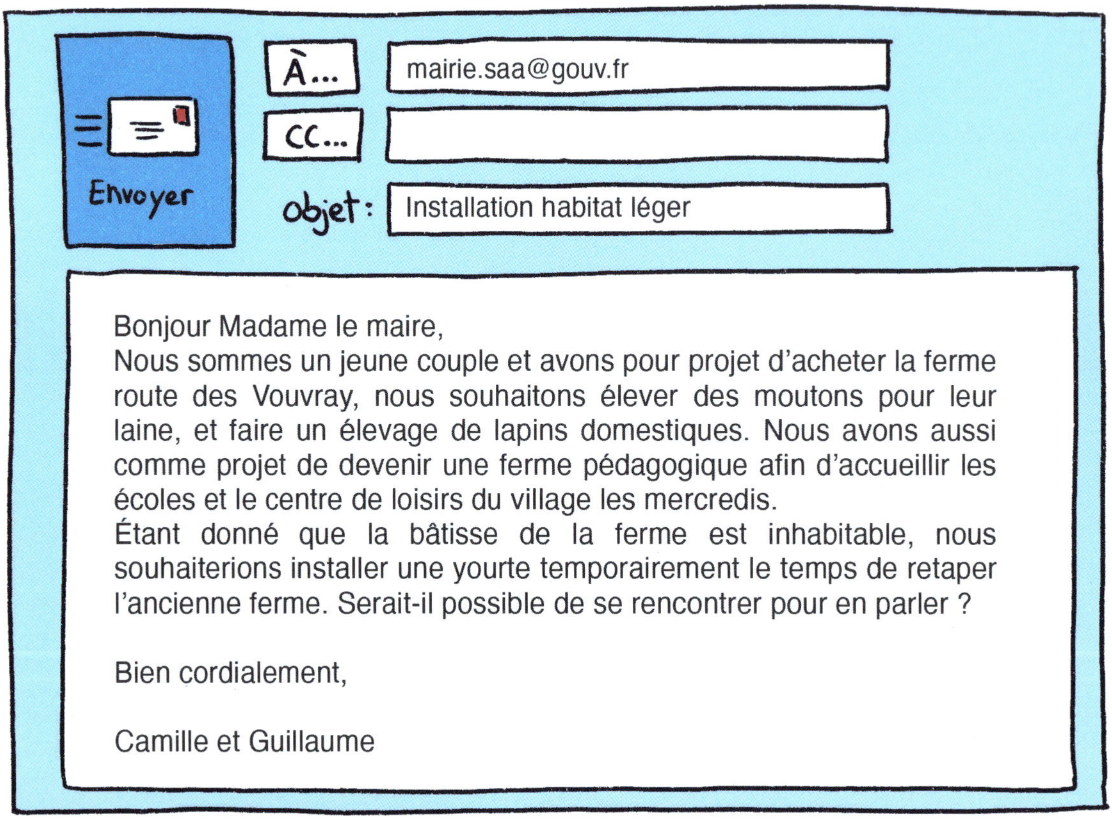
Envoyer
À...
mairie.saa@gouv.fr
CC...
objet :
Installation habitat léger
Bonjour Madame le maire,
Nous sommes un jeune couple et avons pour projet d'acheter la ferme route des Vouvray, nous souhaitons élever des moutons pour leur laine, et faire un élevage de lapins domestiques. Nous avons aussi comme projet de devenir une ferme pédagogique afin d'accueillir les écoles et le centre de loisirs du village les mercredis.
Étant donné que la bâtisse de la ferme est inhabitable, nous souhaiterions installer une yourte temporairement le temps de retaper l'ancienne ferme. Serait-il possible de se rencontrer pour en parler ?
Bien cordialement,
Camille et Guillaume

QUELQUES MINUTES PLUS TARD :
DING
Déjà ?!
Bonjour Camille et Guillaume,
Vous pouvez venir à la mairie mardi 6 à 10 h 30.
Madame la Maire

LE MARDI SUIVANT.
MAIRIE
C'est bon, tu as bien préparé tous tes arguments ?
Oui t'inquiète j'ai tout en tête ! Un discours super efficace et bien ficelé !
Bonjour !
Entrez je vous en prie !
Alors comme ça vous voulez installer une yourte ? Les gros machins blancs c'est ça ? Le truc des Mongols ?
Oui, mais...
Elle ferait 50 m² !

Mais vous faites quoi dans la vie ?
On est en reconversion professionnelle dans l'agriculture. Camille était infirmière à l'hôpital, et moi ingénieur en Suisse.
Ah, infirmière ! Vous allez vous installer en libéral dans le coin ?
Oui, bien sûr, c'est l'idée !
Vous savez, on manque toujours d'infirmières à la campagne.
Et vous venez du monde agricole ? Vous avez des bases ? Car, s'occuper d'une ferme, ce n'est pas facile !
Mon grand-père était agriculteur à Saint-Marlesôn.
Ah d'accord, mais vous, vous n'avez aucune expérience dans le domaine... je vois... bien... bien...

Bon... Euh Simone, tu pourras faire un papier à ces jeunes pour autoriser l'installation d'une yourte sur leur terrain ?
QUELQUES MINUTES PLUS TARD...
ON A LE PAPIER D'AUTORISATION !! UN VRAI MIRACLE !!
Tu n'as même pas eu besoin de sortir tous tes arguments !
MAIRIE
Yéééeh !
Autorisation Yourte
Allô, agence immobilière LePape.
Oui, bonjour ! Ce serait pour faire une offre pour la ferme qu'on a visitée la semaine dernière.

Afin que Guillaume puisse être prioritaire sur l'achat de terres agricoles, celui-ci fait le choix de passer un bac pro agricole.

Mais, très vite, nous avons réalisé quelque chose : les gens du village parlaient dans notre dos depuis notre arrivée...

Ils ont acheté une ferme, c'est pas rien !
Justement, y savent pas ce que c'est, le monde de l'agriculture !
C'est rude ! Faut tenir le coup !
Ils ont construit une yourte sur le terrain !
Une yourte ! Mais quelle idée ! Pour quoi faire ?
Voyons, pour y vivre, pardi !
Sans déconner ! Vivre là-dedans ! Sans eau, ni électricité !

J'COMPRENDRAI JAMAIS CES JEUNES QUI VEULENT VIVRE COMME AU MOYEN ÂGE !
RAH ! Mais arrête Gégé, en plus ils nous ont invités à leur crémaillère la semaine prochaine !
Ce sera l'occasion de découvrir tes nouveaux voisins !!

En tout cas, qu'ils comptent pas sur moi pour leur donner un coup de main !
LE Petit MATIN
Tu crois que c'est des hippies ?
Ça n'existe plus les hippies, Michel !
Ché pas mais c'est à la mode chez les jeunes d'acheter une ferme !
De toute façon on verra bien samedi prochain !
Allez, finis ton café et arrête de râler, on doit aller voir Nicole.
ssgloup
gnnn gnagna

À LA CRÉMAILLÈRE.
C'est pas moche mais c'est petit !
Ça s'intègre bien dans le paysage.
Mouais !
T'y vois quelque chose toi ?
Difficile à dire mais déjà y a de la lumière.
Vous voulez peut-être voir l'intérieur ?
Venez, je vais vous faire visiter.

Comme c'est grand et moderne !
Oh ! Il y a une salle de bains !
Mais vous avez l'électricité !
HÉHÉ
Haha, bien sûr ! Et même l'eau courante et Internet ! Vous nous avez pris pour qui ?

PLAN DE LA YOURTE DE 50 M²

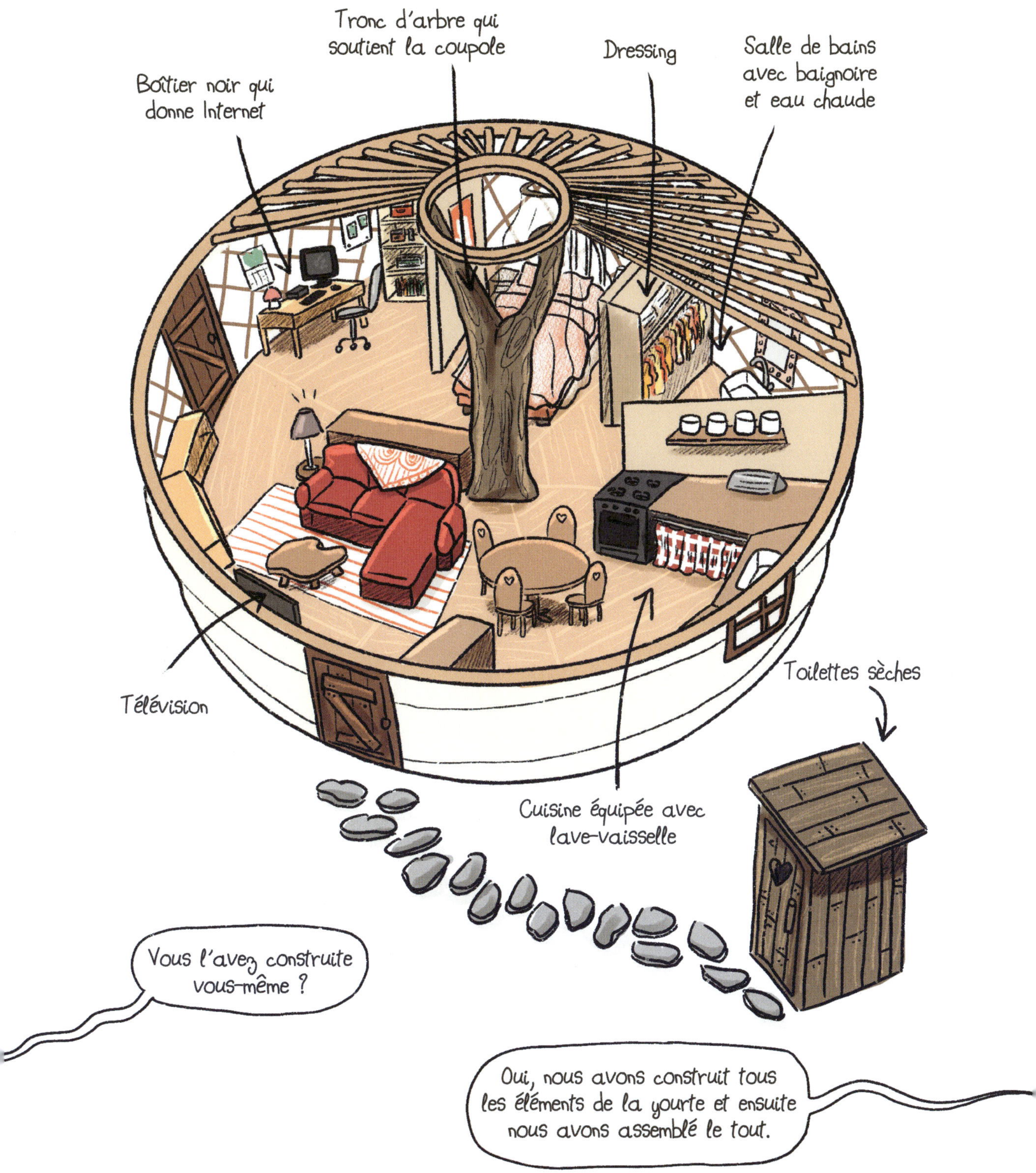

Il était important pour nous de construire une yourte grande et solide où nous serions à l'aise pour pouvoir y vivre quelques années.
Ce chantier nous a pris du temps car nous avons tout fait de nos propres mains.
Pour les matériaux, nous n'avons pratiquement rien acheté.

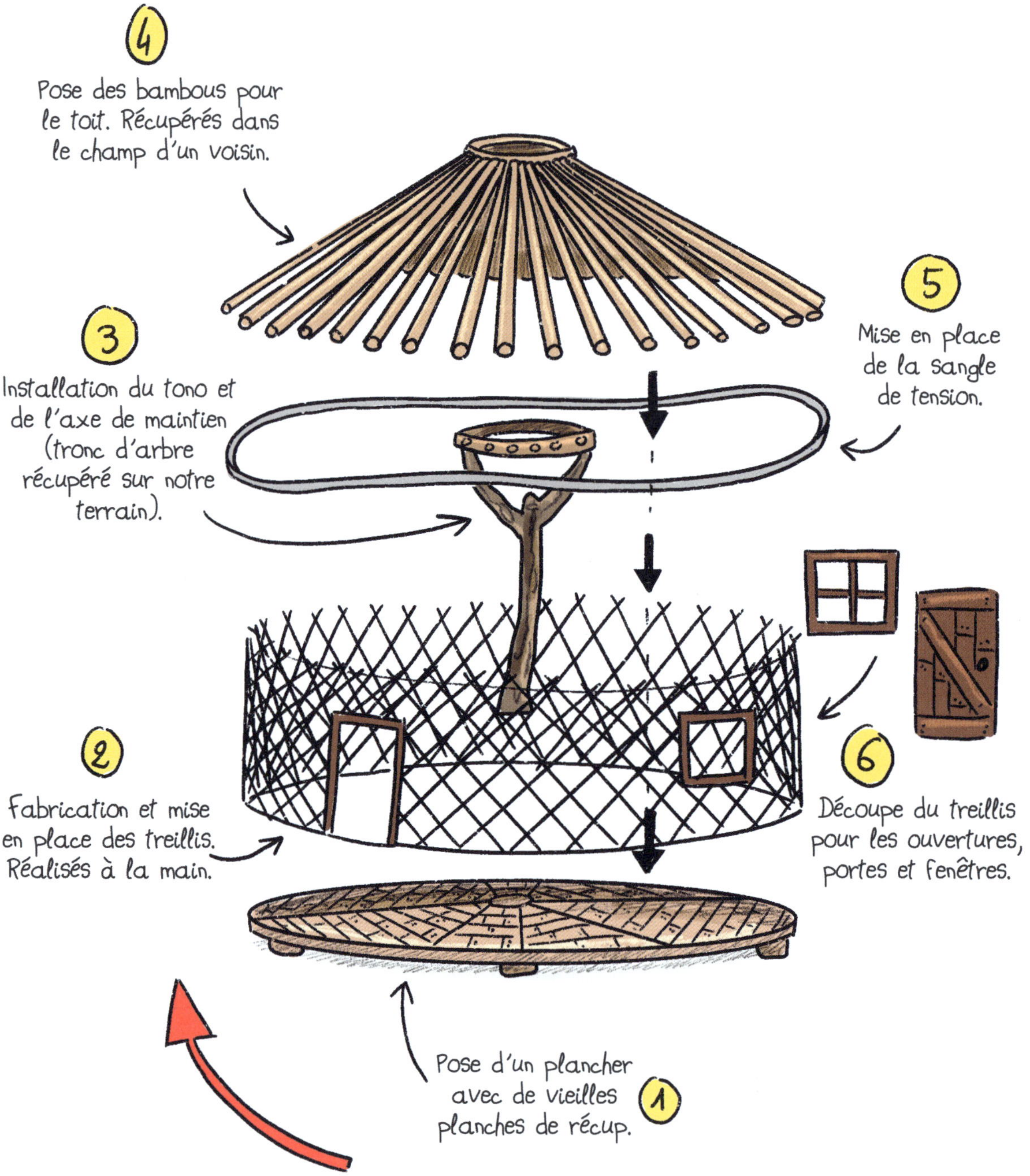

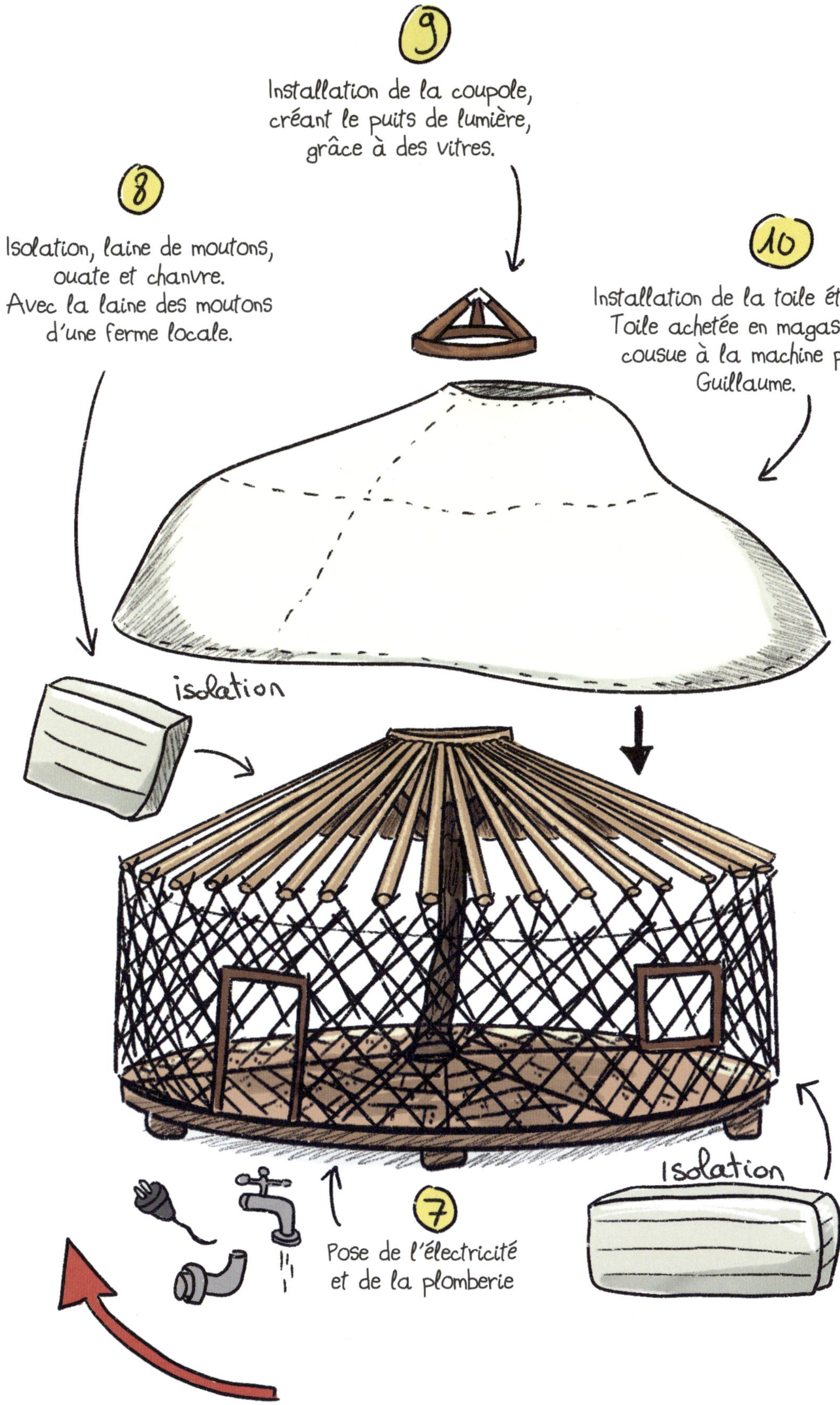
9
Installation de la coupole, créant le puits de lumière, grâce à des vitres.
8
Isolation, laine de moutons, ouate et chanvre. Avec la laine des moutons d'une ferme locale.
10
Installation de la toile étanche. Toile achetée en magasin et cousue à la machine par Guillaume.
isolation
Isolation
7
Pose de l'électricité et de la plomberie

Rapidement, nous avons voulu avoir des animaux ; or, non loin de la ferme, se tenait la grande foire annuelle de Beaucroissant. Une énorme foire agricole où l'on peut acheter animaux, matériel agricole et tracteurs.
Alors on va directement aller acheter quelques poules et des canards.
Oh attends Guillaume, on pourrait aller jeter un œil aux grands animaux ? Je veux voir les chevaux qu'ils ont !
Depuis toute petite, mon rêve c'est d'avoir un Irish Cob.
Ces chevaux sont magnifiques ! Ce sont les chevaux les plus dociles et les plus proches de l'homme !
Et ce jour-là...

* Dressage du cheval afin qu'il accepte une selle, un filet, ou un attelage et d'être monté par un cavalier.

Incroyable, il est tellement gentil !
Et euh... il coûte combien ?
500 € car il n'est pas débourré à la selle.
En plus, on a plein de calèches qu'on a récupérées en achetant la ferme ! Il nous faut un bon cheval trapu pour les tirer !
Ah mais, par contre, il est un peu jeune encore pour tirer des calèches, mais si vous voulez, je peux plutôt vous proposer Olympe, c'est pas un Irish Cob, mais elle est dressée à l'attelage et elle le pratique déjà.
Alors c'est sûrement elle qui nous conviendrait le mieux !

Euh... Mais Guillaume, moi, j'aime beaucoup l'Irish Cob.
Vous savez, si vous achetez les deux, vous pourrez vous faire la main sur Olympe et ensuite utiliser l'Irish Cob pour l'attelage !
Je ne pense pas qu'on ait le budget pour deux chevaux.
Les deux, ça vous les fait à 2000€.
Allez ! S'il te plaît ! On les prend tous les deux comme ça ils se tiendront compagnie.
Bon, bon... on prend les deux.

Après les animaux, nous avons souhaité nous intégrer à la culture locale.

Nous avons créé un partenariat avec le centre de loisirs local et les écoles pour qu'ils viennent visiter la ferme et faire des activités.

C'était très important pour nous de nous retrouver au plus proche des habitants du village.

Nous avons rendu des services à nos voisins.
Vous avez besoin d'aide ?
Nous avons fait les marchés, dès que nous avons eu suffisamment de choses à vendre.
Ça fait un moment qu'on ne vous avait pas vu monsieur Gonthier !!
Et comment va ta fille ?
peau de mouton
Jus de Pomme
oeufs
noix
Cela nous a permis de faire connaître notre ferme et de créer de véritables amitiés avec les habitants.

Nous avons découvert après quelque temps qu'il existait différents types d'agriculture très éloignés de la nôtre.

Il a décidé de faire de la lactation continue. Le principe c'est de ne faire naître qu'un seul chevreau et de continuer la lactation sans que la mère ait fait d'autre bébé.

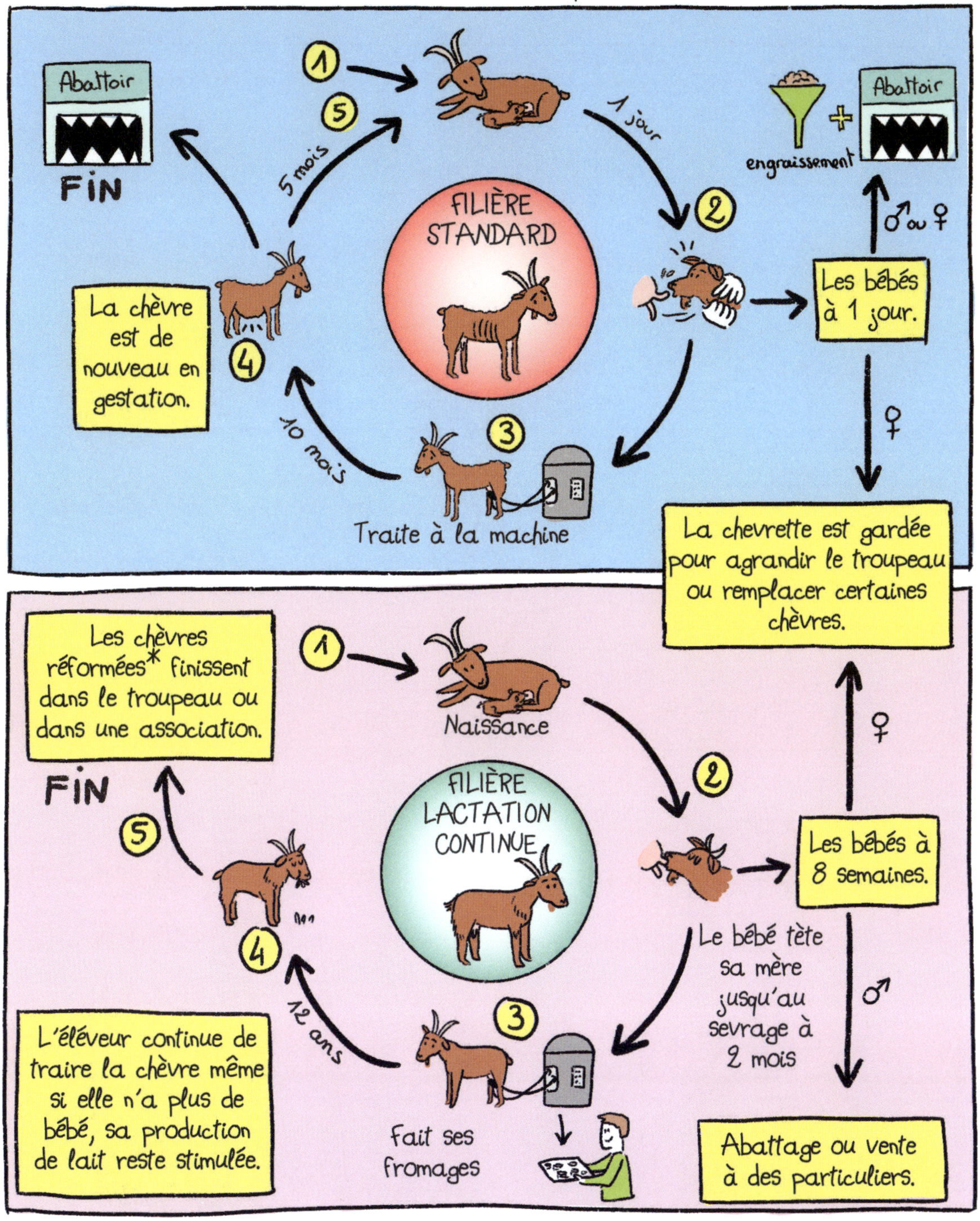

L'inconvénient de cette méthode, c'est la productivité, avec la diminution de la lactation au fil du temps.

Florian a trente chèvres, mais comme il fait lui-même son fromage, il arrive à le valoriser à un bon prix au marché et à vivre du SMIC.

* Retraite pour animaux qui ne peuvent plus travailler car ils sont vieux.

Je me demandais, que deviennent les chevreaux mâles partis à l'abattoir ?
On ne mange pas de cabris ? Leur viande part où ?
Les cabris, c'est surtout pour l'exportation. À croire qu'il y a des pays où l'on en mange !
Ah oui, quand même ! Les pauvres cabris !

Pour nourrir toutes ces vaches, il fait pousser du foin, et le ramasse la nuit à l'aide de gros tracteurs modernes avec de gros spots, du chauffage et des écrans intérieurs.

On s'est retrouvés entourés de paysans avec de grosses exploitations. Avec des pratiques très éloignées de nos valeurs.
Le village
Chez Lulu, ferme de chèvres industrielle

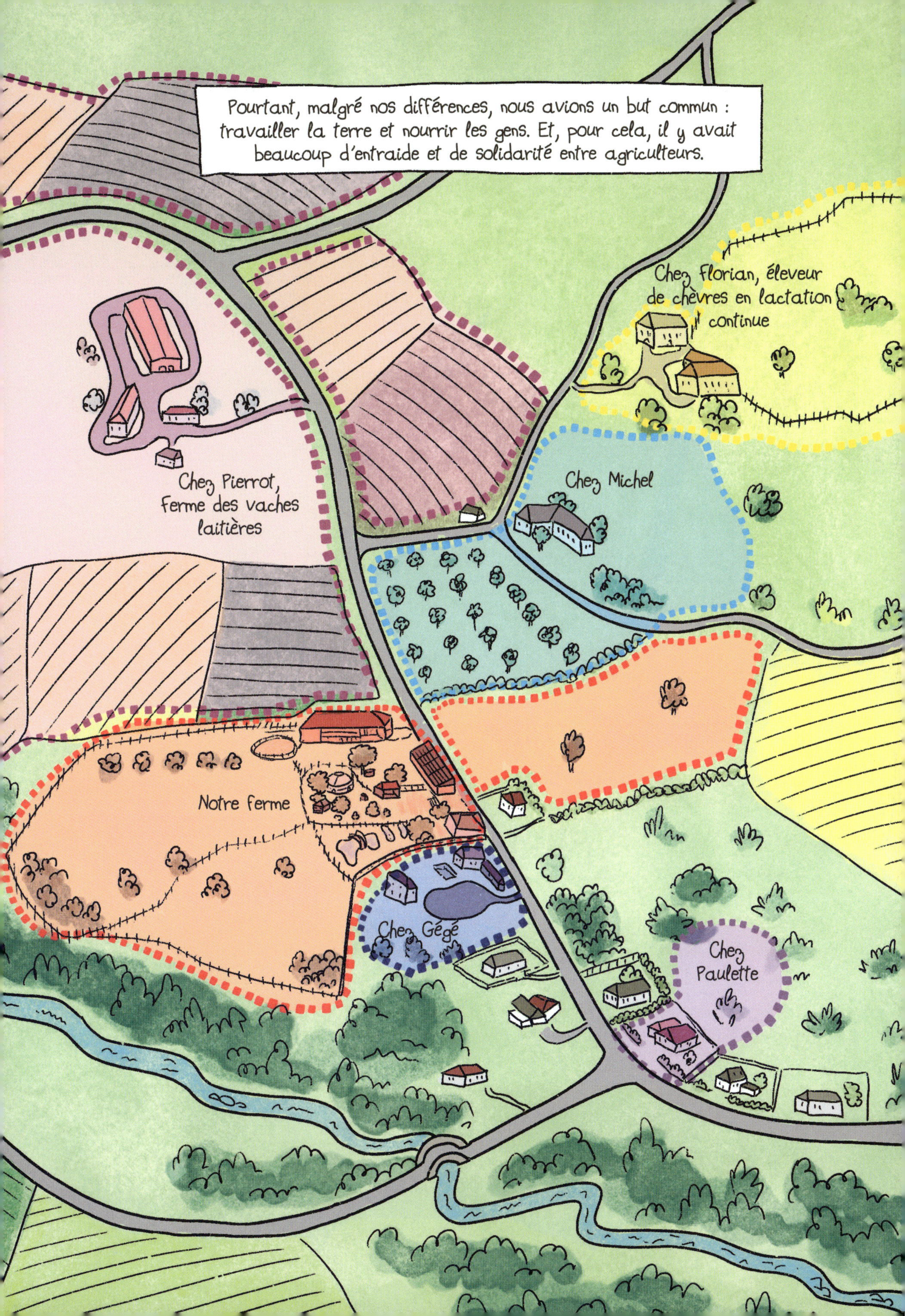
Pourtant, malgré nos différences, nous avions un but commun : travailler la terre et nourrir les gens. Et, pour cela, il y avait beaucoup d'entraide et de solidarité entre agriculteurs.
Chez Florian, éleveur de chèvres en lactation continue
Chez Pierrot, Ferme des vaches laitières
Chez Michel
Notre ferme
Chez Gégé
Chez Paulette

Il me revient en tête une anecdote, qui m'est arrivée un jour où je me baladais avec ma petite brouette de fumier.

Petite explication du terme agriculteur

Les agriculteurs

Ce sont les personnes qui ont une activité en lien avec le travail de la terre.

Le paysan

Il travaille les produits de la terre pour sa propre consommation et celle de sa famille.

Il peut également vendre ses produits à petite échelle. Il travaille dans le respect de la terre et les valeurs écologiques.

L'exploitant agricole

Il exploite la terre pour en tirer profit, c'est l'agro-industrie et dans beaucoup de cas il utilise des pesticides afin d'en améliorer le rendement et la viabilité.

Sa pratique sera alors plus industrialisée que celle du paysan.

S'était posée pour nous la question de la production de viande. Mais on était tellement amoureux des animaux qu'on était heureux de les voir s'épanouir dans nos prés plutôt que de finir dans un abattoir..
On voulait avoir plein d'espèces d'animaux différentes. Et pour ça, on a été gâtés !
J'avais pris ce cochon en animal de compagnie, mais il est devenu bien trop gros !!
Je vous le donne.
Oh, un alpaga !!
Joyeux Anniversaire !!
Guillaume ! Viens voir ! J'ai récupéré des chevreaux qui partaient à l'abattoir !
Je donne des lapins, c'est trop de boulot pour moi.

Et c'est ainsi que, petit à petit, au gré des occasions notre ferme s'est remplie.

Comme nous avions de plus en plus d'animaux, nous avons dû agrandir les bâtiments de la ferme.
Eh beh ! Touss' travail tout seul ! Il fait quoi ?
Il construit une bergerie de 300 m² au sol.
Il va jamais y arriver ! Sans grue, pour monter toutes les poutres en bois ?!
M'enfin, c'est un sacré bosseur ce p'tit gaillard. Après ce qu'il a fait sur sa yourte, j'doute plus de lui !
Ah ok, il utilise son tracteur pour s'aider, bonne idée !

Le plus gros bâtiment de notre ferme fait 600 m², nous l'appelons la bergerie mais elle a aussi d'autres fonctions.

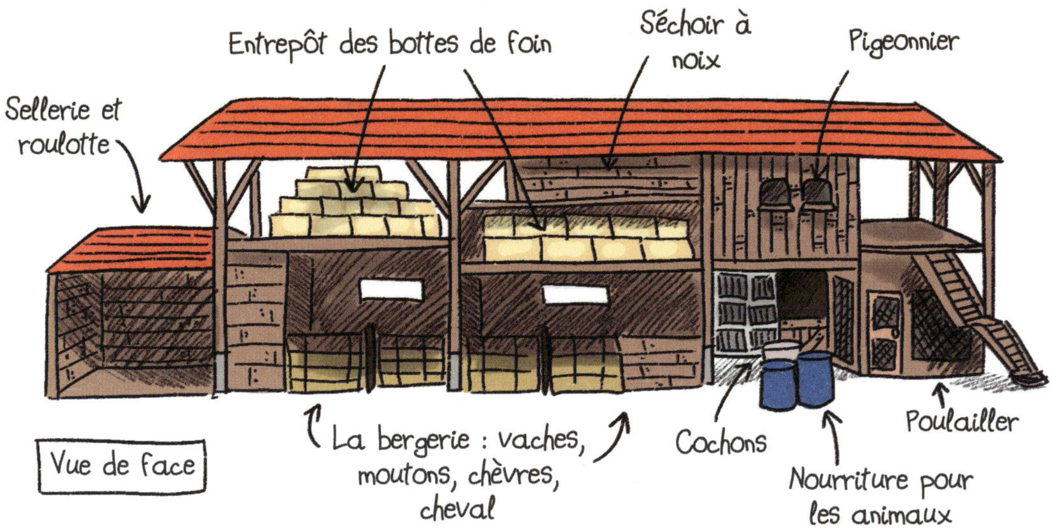

Nous en avons profité pour améliorer certaines tâches comme le remplissage des râteliers de la bergerie. Cela nous permet de mettre le foin stocké à l'étage directement dans le râtelier par une ouverture dans le plancher. C'est simple, efficace et rapide.

Bon, sinon... c'est bien mignon de vivre entourés d'animaux mais il y a quand même des inconvénients auxquels il faut trouver des solutions.
L'hiver dans la bergerie, tous les animaux se côtoient. Or, certains animaux n'ont pas le même rythme et ne consomment pas la même chose.
La vache, c'est une ruminante.
Elle va engloutir beaucoup de nourriture très rapidement.
Ensuite, elle se pose et rumine un bon moment.
crum croum
Trois heures plus tard elle se remet à manger, etc.
DRING!

Tandis que les chevaux, c'est l'inverse des vaches.

Malgré tout, ils doivent pouvoir manger très peu mais tout le temps.

On a donc trouvé une astuce.

Le grand avantage d'avoir une ferme polyculture, c'est que l'on peut changer d'activité d'une année sur l'autre si certaines d'entre elles ne fonctionnent pas.

On a par exemple un peu galéré avec notre élevage de lapins d'extérieur.

Et je ne parle même pas de la gestion des bébés et des maladies.
Bref, au bout de deux ans d'élevage de lapins, on a arrêté, tout simplement.

Oh j'y pense, mais il faut aussi que je te raconte l'histoire de notre chienne, Floss.
Je pars chercher le troupeau de moutons. Il faudra que tu vérifies qu'il y a bien l'eau dans le pré.
Bonjour, c'est moi qui vous ai appelé.
Ah oui, bonjour. Vous prenez le petit troupeau ?
C'est bien moi.

Garez votre camion là-bas, je vais les faire monter.

Votre chien se débrouille bien !
Ah oui, ça, c'est notre vieux pépère, on a une autre chienne mais elle a des difficultés avec les troupeaux de 80 bêtes !

Si vous le souhaitez, je vous la donne, elle ne me sert à rien...
Euh, oui, avec plaisir !
Elle s'appelle Floss !
Vous verrez bien, mais je pense qu'elle a peur des moutons.
Oh le gentil chien !
BÉE
BÉÉÉ
BÉÉÉ
WAF
WAF

Finalement, une fois à la ferme, ce fut une révélation.
Whaou ! Elle nous aide bien, Floss !
En plus elle répond super bien aux ordres !
WAF WAF WAF
Regarde-la comme elle aime travailler !
Elle n'a pas peur de notre troupeau.
Et c'est comme ça que nous avons eu un chien de berger sans avoir à le dresser pour travailler.
Faut dire qu'avec notre petit troupeau de moutons, elle est peut-être plus à l'aise qu'avant.

Pour ma part, je continuais en parallèle à exercer mon métier d'infirmière. Il fallait bien un revenu fixe. J'avais la chance de le faire à la campagne et ce n'était pas la patientèle qui manquait.
Alors, n'oubliez pas le Plavix, c'est deux fois par jour.
Je note qu'il faut que je contacte le médecin pour votre prise de sang. Le 14, ça vous irait ?
Merci.
Déjà 11 heures ! Je dois filer voir monsieur Bourdan.
tap
Merci pour le café ! À mercredi madame Lemaitre.

16 h 30
L'avantage avec le libéral, c'est que je pouvais moduler mes horaires en fonction des besoins de la ferme..
ici oeufs
Alors, d'après mon planning, ce week-end, on ramasse les pommes.
Les pommes ?! Impossible, cette année, elles ont manqué d'eau, il faudra attendre un mois.
Mais dans un mois il y aura les noix !
Moi qui aime contrôler les choses
On ne peut pas planifier à l'avance, on doit faire en fonction de la nature !

T'inquiète ma chérie, ça va aller !
Et puis on avisera quand on sera face au problème !
Si on ne planifie pas un minimum on n'y arrivera jamais !
Héhé
Je vais quand même nourrir les lapins avant la nuit.
Faut pas déconner, les animaux ont leurs rituels, leurs habitudes !

Bon appétit les lapinous.
Tu avais faim mon Ciki !
Comment je vais faire pour tenir le rythme ?!
C'est bon, tout le monde est nourri et le chien à la niche.
Je pars chez madame Bonnefoi !
J'espère qu'elle sera de meilleure humeur que ce matin.

Le passage quotidien d'un monde à l'autre était très difficile à gérer et commençait à me peser intérieurement.

Mais, petit à petit, le fait d'avoir une ferme a contribué à créer encore plus de lien avec mes patients.
Bonsoir madame Bonnefoi ! Prête pour...
Vous êtes en retard.
Oh oui, désolée, j'ai pris du retard pour nourrir les animaux.
Vous avez des animaux ?
Eh oui, j'en ai même beaucoup ! Mon mari et moi avons une ferme.
Ah bon ?! Eh bah ! Vous savez j'ai été paysanne avec mon mari. Et puis, à la retraite, on a décidé de s'installer au village, c'était plus simple ! On a tout vendu !

Vous aviez quoi comme animaux ?
Mon Marcel était un amoureux des petites bêtes alors, en plus des vaches laitières, on avait des lapins, des poules et des canards. Les enfants du village adoraient voir les animaux quand ils venaient chercher le lait à la ferme !
Ça fait combien de temps que vous êtes installés ?
Ça va bientôt faire deux ans.
Et ça se passe bien ?
Oui, très bien, mais tous nos bébés lapins sont morts cet été, on ne comprend pas pourquoi !
Ah mais les lapins, ça craint le chaud ! Faut pas faire de lapin l'été !

Au fil du temps, c'était devenu un plaisir de partager et de discuter de la ferme avec ma patientelle.

J'en profitais aussi pour récupérer des choses par-ci par-là, et des bons plans - merci le bouche à oreilles !

Le temps passait à une vitesse folle. Voilà déjà quatre ans que nous étions installés.

J'avais accumulé beaucoup de fatigue entre mon métier d'infirmière et la ferme. Et, cerise sur le gâteau : j'attendais notre premier enfant !

Avec mon métier d'infirmière en parallèle, je n'arrivais pas à être à 100 % impliquée dans la ferme. J'étais larguée.

Je me sentais mise de côté et complètement illégitime pour ce job !

Mais comme Guillaume était à fond dans la ferme, nous avions parfois du mal à communiquer, ce qui a pu créer des tensions dans notre couple.

Je me sentais tellement nulle et inférieure à Guillaume,
qui avait toujours des idées super ingénieuses.

Même si, au début de notre installation, nos voisins paysans et agriculteurs nous prenaient pour des guignols...

... petit à petit, les gens ont compris notre sincère engagement dans le milieu.

Avec les années, Guillaume a gagné un certain respect dans le monde de l'agriculture.

Un beau matin d'été, Jeanne, notre fille, est arrivée. L'accouchement a été long et très fatigant.
Tiens bon, on arrive à la clinique.
C'est bien, poussez !
Et voilà une jolie fille de 4,5 kilos.
Les variables s'affolent ! On perd la mère !
Bip Bip
168
Elle perd trop de sang ! Vite, le ballon !!
Elle est sous transfusion, l'hémorragie a pu être arrêtée in extremis. Elle va se rétablir.

Depuis notre emménagement à la campagne et la naissance de Jeanne, il était devenu primordial pour nous de faire attention à notre consommation et au recyclage de nos déchets.

Finalement nous réutilisons une bonne partie de nos déchets pour la ferme. Tout le monde est content.

Les déchets alimentaires font de la bonne nourriture pour les cochons... et les poules !

Notre chienne raffole des os !

Nous procédons au tri des déchets – cela dit, nous le faisions aussi en ville.

Une autre partie des déchets alimentaires sert à faire le compost et ainsi à nourrir la terre.

Nous prenons plaisir à récupérer et à transformer le lait de nos animaux pour notre consommation personnelle.

Nous fabriquons nos yaourts, nos fromages de chèvre et nos tommes de vache. Un vrai régal !

Tant qu'à être dans la transformation de nos produits de la ferme, nous avons décidé (aidés d'une savonnière) de créer nos savons avec notre huile de tournesol.

1 – Élaboration de la recette avec notre huile et des huiles essentielles locales.

2 – Dépôt de la recette.

3 – Fabrication, saponification à froid.

4 – Produit prêt à être étiqueté.

Malgré tout, nous continuions à vivre des moments difficiles à la ferme.
Allo ? Sarah !
DRING
Camille, je suis à Romans et il y a un gros orage de grêle !! Ça pète de partout, les pare-brises, et ça a même cassé les fenêtres de l'appart !
Ah mince ! À ce point-là !

Faites gaffe, ça vient par chez vous !! Rangez tout ce que vous avez dehors !
Mouais, il fait quand même super beau ici ! Je vois rien, de menaçant.
Ok, merci de m'avoir prévenue.

Guillaume, il paraît qu'il y a un orage de grêle à Romans et ça arrive chez nous.
Bon, ça devrait mettre un peu de temps, on en est loin.
On va mettre les voitures à l'abri sous le hangar et protéger la vitre de la coupole de la yourte s'il y a des grêlons.
Oh la la, regarde là-bas ! C'est noir !!

Vite ! Passe-moi le duvet, je vais protéger le verre de la coupole...
ça devrait suffire pour amortir les impacts.
Le vent se lève !!
Attention !!
Je saute !!
Et pour la coupole ?
Tant pis, c'est trop tard !!

Va vite te mettre à l'abri avec la petite !!
OUINOUIN !
OUIN OUIN
Quoi ? Mais c'est quoi ce machin !!
BAM
BAM
GUILLAUME !! Y a un énorme grêlon qui vient de tomber !! S'ils sont tous comme ça, on est dans la merde !!
Mais non, tu as dû te tromper, c'est une feuille morte !!

BAM
Euh… c'était quoi ça ?
Des grêlons, je te dis !!!
BAM
BAM
BAM
BAM
BAM
BAM
BAM
BAM

ÉLOIGNE-TOI DES FENÊTRES !! LA COUPOLE EST CASSÉE
BAM
BAM
BAM
BUSh!
BUSh!
BUSh!
Je crois que c'est fini !

Dans la ferme les dégâts étaient monstrueux !
Les canetons assommés morts dans la volière.
L'abri de Pomme renversée.
Pomme, couverte de bleus.
Le poulailler mobile retourné.
Le potager déchiqueté.
La remorque de foin renversée écrasant les moutons.

Petit à petit, les voisins ont débarqué chez nous pour s'assurer que nous étions sains et saufs.
Oh, mon Dieu ! Vous allez bien !!
La yourte a tenu le coup ?
La coupole s'est cassée, mais on a évité le pire...
On a été pris de court et on pensait que les animaux auraient le temps de se mettre à l'abri.
Beaucoup sont morts...

Tous nos voisins sont venus nous aider à la ferme, agriculteurs, paysans, villageois...
Dans un monde du chacun pour soi, ça fait du bien de voir ça.
Tout le monde à son échelle a prêté main forte !

Il y avait moins d'entraide en ville, les gens se connaissent à peine.
Ça m'émeut cet élan de générosité...
L'ALPAGA RESPIRE !!! IL EST VIVANT !!!
Florette !
Encore aujourd'hui, quand j'y repense, j'en ai les larmes aux yeux.

Après cet épisode terrible, l'hiver est arrivé.
C'est l'hiver ! Ma saison préférée !
On a moins de visiteurs, on peut se poser à l'intérieur au chaud.
On peut enfin s'occuper de projets, notamment de bricolage, qu'on n'avait pas le temps de faire en haute saison.
Un heureux événement se prépare !
On se met à jour et on prépare le printemps suivant.
Les animaux sont tous regroupés dans la bergerie et dans les prés à côté de la ferme.
Il y a bien moins de travaux agricoles car, comme la nature, nous nous mettons en pause.

Le reste de l'année est intense même si tout s'enchaîne plutôt bien.

Au printemps, nous préparons le jardin et les animaux pour l'été.

C'est aussi l'occasion d'avoir les visites des écoles et des centres de loisirs.

L'été, il y a plein de fruits et de légumes à ramasser.

En plus de tout le travail que nous avons, c'est la période où notre famille ou nos amis veulent nous rendre visite. Il fait meilleur et ils peuvent profiter des animaux.

À l'automne, nous transformons les fruits pour en faire des jus, nous ramassons des noix.

Assez rapidement après notre installation, nous avons décidé de tenter le woofing à notre tour, cette fois-ci en accueillant des gens dans notre ferme. Ce jour-là, nous accueillions nos dixièmes woofers.
Bonjour !
Vous êtes les woofers ?
Oui, nous sommes Mado et Tanguy.
Enchanté, je vais vous montrer où vous allez loger pour les deux semaines.
Voici le chalet, vous serez autonomes car il y a une cuisine mais vous êtes les bienvenus à notre table.

Il est super sympa ce chalet !!
On a ramené ça de Suisse en camion. Je l'ai démonté sur le terrain d'une personne et je l'ai remonté ici.
Venez, je vous fais visiter la ferme.

Ici, le pré des chèvres et des moutons.
Au fond du verger, nous avons six futurs terrains de camping.
W.C
Les trois petits cochons
Oh ! C'est quoi, ces panneaux ?
Ce sont des panneaux d'indication de parcours et d'informations. Nous sommes une ferme pédagogique et nous accueillons des écoles. Le parcours est libre.
Ici, les toilettes sèches collectives.

Bergerie
Ici, la marre des cochons et des canards.
Dans ce pré, il y a les poules pondeuses avec les poulaillers mobiles.
Récupération d'eau de pluie dans les citernes
Le poulailler, c'est une tiny house ?
C'est une maison en bois que j'ai construite sur une remorque, donc oui, une tiny house pour poules.

Les noyers.
La volière, où il y a les canards et leurs bébés.
Bien protégée par un filet pour que les canetons ne se fassent pas attraper par les rapaces.
L'élevage de cochons d'Inde.

Demain je vous montrerai les autres parties de la ferme.
Nous vous avons préparé un goûter d'accueil.
C'est vraiment mignon, vous avez plein d'animaux, vous avez ce qu'on appelle une ferme multi-activités ?
Oui, on peut définir ça comme ça. Notre souhait en arrivant ici, c'était de vivre proches de la nature et entourés d'animaux.
Le but est d'en tirer des bénéfices ?
Notre objectif, c'était de pouvoir vivre de notre activité, mais jamais on n'aurait imaginé se verser un salaire.
C'était un rêve de vivre de la ferme, on s'est laissé porter par nos envies et ça a marché.

Cela doit demander beaucoup d'entretien, une ferme comme celle-ci...
Bien sûr, et ça demande aussi des compétences dans plusieurs domaines.
Voici ma femme, Camille, et notre fille, Jeanne... qui sera bientôt grande sœur !
Enchantée, bienvenue à la ferme des Mille-pattes.
Bonjour
Félicitations, le terme est prévu pour quand ?
C'est pour dans trois mois, j'accouche le 14 juin.

J'imagine qu'avec une telle ferme, vous ne partez plus en vacances ?
Si, bien sûr qu'on part en vacances et même chaque année.
Mais comment faites-vous pour la laisser ?
Ça nous demande beaucoup d'organisation en amont, nous devons trouver une personne de confiance qui a déjà travaillé dans le milieu agricole.
La plupart du temps, nous demandons à nos woofers les plus aguerris ou à mon père qui aime bien nous donner un coup de main.
Quatre jours avant le départ, nous préparons tout pour que la personne n'ait qu'à nourrir les bêtes.

Avoir autant d'animaux différents, ça doit vous rajouter beaucoup de travail et vous retirer beaucoup de sommeil !
Oui, mais on aime tellement les animaux que cela ne nous dérange pas de nous lever tôt pour les nourrir, et cela sept jours sur sept.
Les moutons, les poules pondeuses et les canards nous permettent de vivre de leurs produits.
Les autres animaux, c'est pour notre plaisir, même si, parfois, nous vendons à droite ou à gauche des porcelets.
Vous vivez plutôt des produits de la terre ?
Oui, des noix, des patates, des pommes...

Mais, ici, vous êtes en autosuffisance ?
Pas à 100 % autonomes, mais presque !!
Nous faisons beaucoup de troc, ce qui nous permet d'avoir d'autres fruits et légumes que ceux que nous cultivons.
Mais nous voulons aller plus loin et, par exemple, être indépendants énergétiquement.
Nous allons installer des panneaux solaires et des chauffe-eau solaires très bientôt.
Pour ce qui est du chauffage, nous avons le poêle à bois, et pour le bois, il provient d'une forêt que nous avons achetée dans le Vercors.

Plus nous serons indépendants, plus nous serons libres.
Sur le plan écologique nous devons prendre des mesures et ça urge à en croire le rapport du GIEC ! Mais nous voyons bien que ce n'est pas la priorité du gouvernement. Pourtant des mesures devraient être prises à grande échelle et pas seulement venir des efforts de la population.
Électricité +35%
Pétrole +20%
GAZ +15%
Nous voulons garder notre indépendance énergétique. Pour nous chauffer nous refusons le gaz et l'électricité.
Si nous sommes autosuffisants, nous ne subirons pas l'inflation ni la fluctuation des prix. En plus, il existe des solutions écologiques pour générer de l'électricité.
Notre manière de consommer ne sera plus dictée par les volontés des politiques et des multinationales.
Nous utiliserons ce que la nature a à nous offrir... tout en la respectant.

Euh… c'est quoi toute cette brume grise dans le fond de la vallée ?
Rah zut !! Ce sont les agriculteurs qui traitent leurs noyers !!
Ils sulfatent avec un produit. Et tout va vers le haut, direct dans l'air.
Je vais rentrer le linge, je vous conseille de fermer les fenêtres du châlet.
On va finir le goûter à l'intérieur.

Vous n'utilisez jamais de pesticides ?
Jamais ! Si vous prenez le temps de respecter la nature, alors elle vous le rendra.
D'ailleurs, pour les noix, nous avons essayé sans traitement et nous avons de meilleurs rendements et de belles noix d'année en année, les agriculteurs du coin n'en reviennent pas !
Pour les œufs, nous avons obtenu une certification bio.
Ça nous coûte 550 € chaque année pour la renouveler.
Quand on y pense, c'est fou de devoir payer pour que le consommateur sache que nos produits sont sains.
Ça devrait être l'inverse.

QUELQUES JOURS PLUS TARD.
Nous sommes en guerre… blabla…
Confinement de six semaines.
Euh ? Ça ne vous ennuie pas qu'on reste un peu plus longtemps ici ?
Au contraire, vous serez mieux à vous confiner avec nous que de retourner à Paris dans votre appart !
Ça nous permettra de découvrir encore plus votre mode de vie paysan !
Qu'est-ce qu'on va devenir ?

Nous avions tout ce qu'il nous fallait pour vivre quasiment sans sortir de chez nous.

Finalement, comme nous ne pouvions plus faire les marchés, les gens venaient à nous.
Bonjour, Je voulais savoir si je pouvais vous acheter du jus de pommes et des patates ?
Ohé ? Ohé ? Guillaume ! Il me faudrait de l'huile de tournesol !
Madame, je viens pour des œufs. Par contre, vous pouvez me les poser là.
Distance de sécurité.

UN SOIR DURANT LE CONFINEMENT…
Tu te souviens des magasins en libre-service en Nouvelle-Zélande ? Eh bien, je crois qu'on va faire ça ici avec nos produits.
C'est une très bonne idée mais tu sais bien que ça ne va pas fonctionner ! En France, les gens ne respectent rien !!
On pourrait quand même essayer ? J'en ai marre d'être constamment dérangé quand on vient nous acheter des produits de la ferme !!
Ça nous permettrait aussi de moins faire les marchés et d'approvisionner le magasin. Comme ça, les gens viennent quand ils veulent !
Oui, ça vaut le coup de tenter.

Deux semaines plus tard, avec les woofers, nous avons terminé notre petit magasin en bordure de route.
Le panneaux pour indiquer aux gens
ici, produits de la FERME
Lumière intérieure et extérieure
Parking pour les voitures juste devant
Petites marches pour y accéder

À l'intérieur
Étagère pour les produits de la ferme
Le panneau des prix
Patates
5 kg - 7,50€
Jus 3,20€
huile 7€
vinaigre 3€
noix
1 kg - 5,50€
2 kg - 9,60€
3 kg - 14,50€
œufs
6 - 2,60€
12 - 5€
La caisse
Les œufs

Finalement, le confinement nous a permis d'avancer sur pas mal de choses de la ferme, avec l'aide de nos woofers.

Nous avons mis en place un assainissement naturel pour notre futur maison avec un bassin qui est utilisé pour les canards et pour que les animaux puissent boire. Rien ne se perd ici !

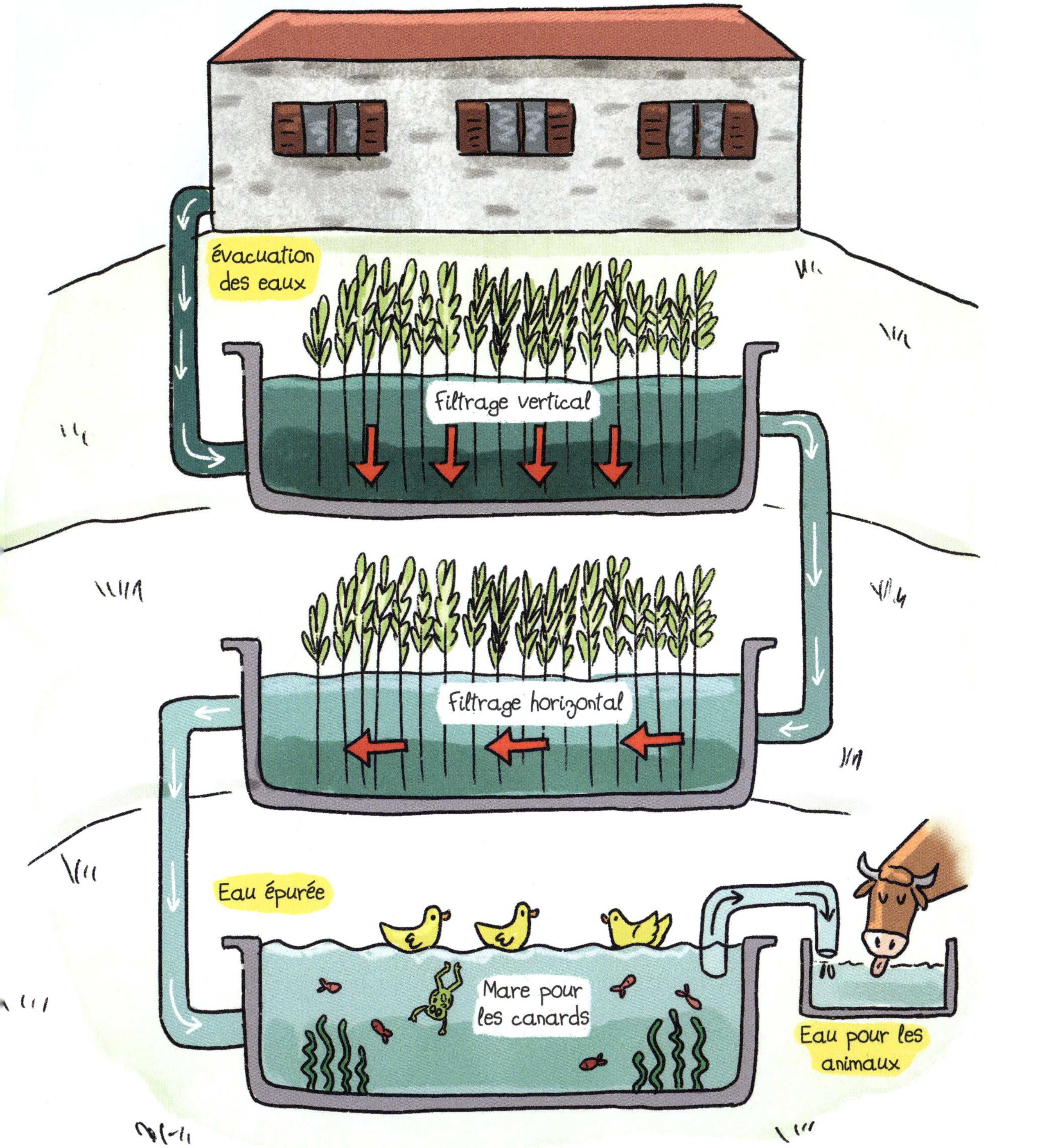

Puis le printemps est arrivé. Comme souvent le soir,
nous buvions une tisane dehors avec les woofers.

Alors, note :
la clôture, le dossier du camping, nettoyer le pressoir, ramasser les cerises...
Tu me rappelleras ce que je dois faire.
Mais Guillaume, tu vas la relire la liste ?
Moi ? Ah non non, mais au moins, je dormirai sur mes deux oreilles cette nuit, tout sera couché sur le papier, et ça arrêtera de tourner dans ma tête !
Mmmm, c'est Camille qui note tout et en plus elle doit te rappeler tes tâches, alors qu'elle doit déjà gérer toutes ses charges à elle ?
Tu ne dois pas connaître le concept de charge mentale !

Ah bah tiens, parlons-en de la charge mentale.
lessives
piscine
dîner
vacances
cadeaux des enfants
trouver une nounou
Peu importe notre métier...
rdv gynéco
colis à la poste
Peu importe notre lieu d'habitation, notre pays ou notre culture.
Nous, les femmes, en avons tellement plein la tête !!
idée repas
aller chercher de l'eau
sortir le chien
rdv avocat
ménage
aller chercher le bois
dîner
lessives

En effet, quand on a décidé de tout plaquer et de vivre à la ferme, c'était énormément de boulot, il fallait s'adapter à ce changement de vie, de rythme des saisons.
Euh... c'est quoi la MSA ?
Que c'est pénible de faire la comptabilité soi-même !
Mince, on remplit comment les impôts ?
Bref, réapprendre un nouveau métier, c'est un vrai challenge. Parfois cela demande de reprendre des études, comme l'a fait Guillaume, ou de suivre des formations. C'est beaucoup de choses qui se rajoutent à notre vie de famille. Il faut être motivé.
déclarer les agneaux
appeler le véto
sortir les chèvres
préparer le dîner
lessives
préparer le marché
charge mentale
charge mentale
Déjà que l'entretien d'une maison et d'une ferme me demandait beaucoup, ma charge mentale a explosé depuis que j'ai les enfants ! Il faut anticiper, planifier, penser à tout ! Trouver des activités, manger à des horaires fixes.
Et flûte !! J'ai oublié d'éteindre l'eau des moutons !
Ça débordera de l'abreuvoir, engorgera la terre et fera un glissement de terrain sur la route !
Oui les conséquences peuvent être catastrophiques à la ferme.

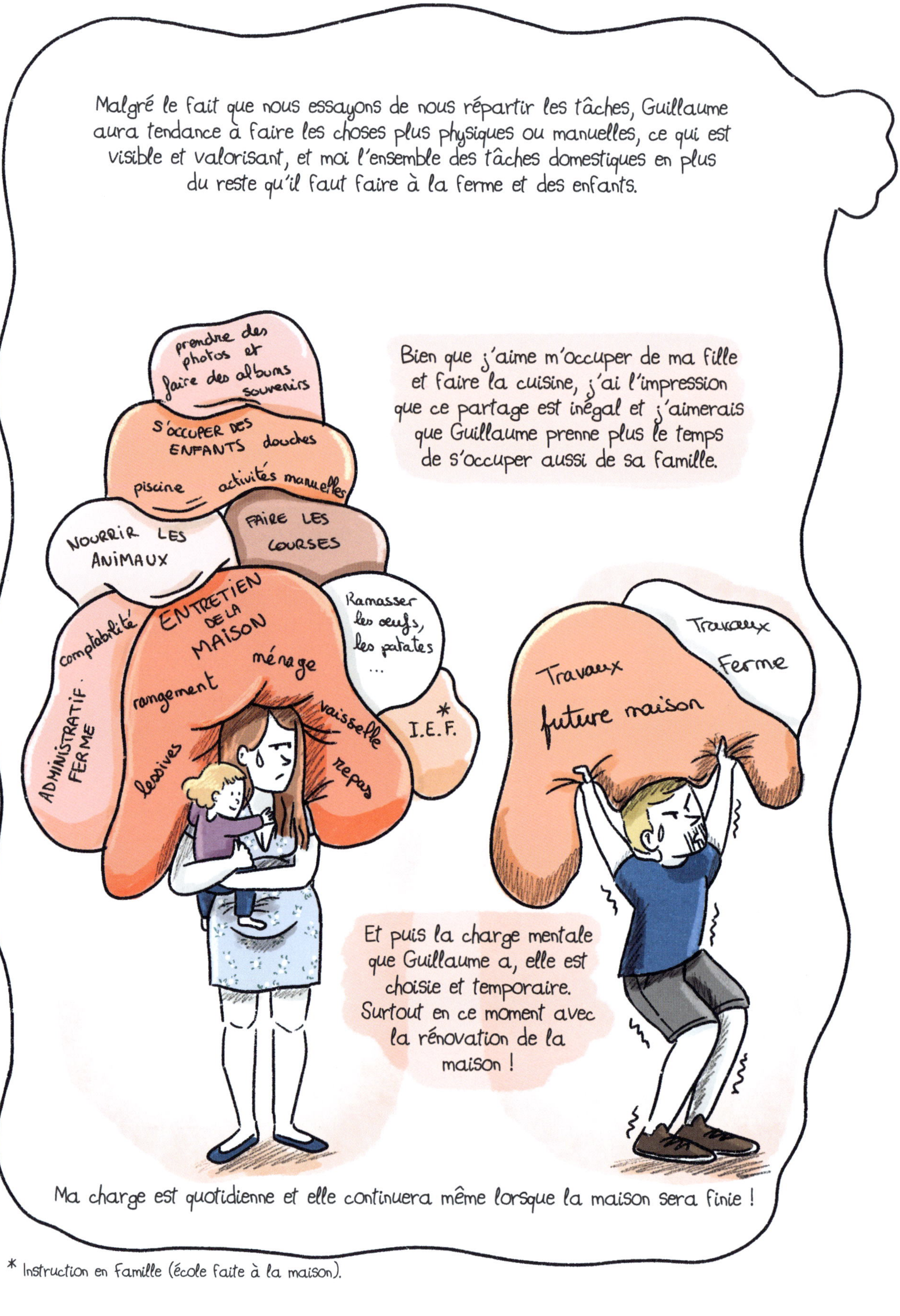

* Instruction en Famille (école faite à la maison).

Camille ! Camille ! Tu écoutes ?
Hein ? Ah, oui tu disais ? J'ai été absorbée par cette histoire de liste.
Je disais donc que notre séjour ici nous avait donné envie de nous reconvertir !
Tanguy est inscrit à une formation de tailleur de pierres dans le village.
Et moi, je vais faire une formation dans le domaine du fromage à Grenoble !
Mado est une femme exceptionnelle, elle est débrouillarde, forte, intelligente, curieuse et adore les animaux.
On va donc rester une année avec vous !
Elle m'a été d'une grande aide à la ferme en prenant en charge mes tâches avec les animaux.

Et puis entre deux confinements...

Maternité
OuinnOuinn
iiii
ARRÊTE-TOI !
RAHHHHHH !!!
Le bébé arrive !!
AHHHHHHH !!!
Vite !
ACCOUCHEMENT
MAMIE
ET PAPI

Tanguy nous a beaucoup aidés pour monter le mur en pierre de l'extension de la future maison.
Tous nos amis sont venus nous aider sur le chantier. Nous avons fait l'isolation de la vieille bâtisse avec de l'enduit chaux/chanvre.
On mélange de la chaux naturelle avec de la chènevotte fibrée (bois broyé), et on obtient un mortier très isolant.
Et Guillaume a fait le toit tout seul, avec l'aide, encore une fois, de son tracteur.

Finalement, c'est après vingt-trois mois de travaux à mi-temps pour rénover la bâtisse que nous avons enfin pu emménager dedans.
Vieille bâtisse en pierre rénovée.
Extension de 50 m²
chambre mezzanine
1er étage
w.c
bureau
chambre
Cuisine/ Salle à manger
Entrée
Rdc
Salon et poêle
w.c
salle de jeux
chambre
Réserve stockage des produits de la ferme/ garde-manger.
Buanderie
Terrasse
Cave
Après dix ans passés dans une yourte et deux enfants, il était temps d'agrandir notre espace !

Nous avons donc réussi le pari de vivre de notre ferme et de nous reconnecter à la terre tout en respectant la nature et les animaux.

Les produits issus de la ferme nous permettent une rentrée de salaire tous les mois.

- œufs
- patates
- savons
- noix
- huile de tournesol et de noix
- jus de pomme et jus de poire
- laine de moutons

Total :
3 000 €/mois bruts
– les charges

1 500 €/mois nets

Après mon congé parental, j'ai décidé de ne plus retravailler en libéral et de me consacrer pleinement à la ferme et aux locations.

Avril 2023, après six mois d'interviews, le scénario de la BD prend forme.
Quelle chance incroyable de voir ses enfants grandir dans ce cadre de vie !
Je ne dirais pas que c'est de la chance car on s'est donné les moyens pour y arriver, on a travaillé dur pour avoir tout ça !
Je dirais plutôt que c'est une belle récompense !
Tu as raison… une récompense… Regarde mes enfants comme ils sont heureux !!
Finalement, ce changement était dur, stressant, nous avons eu des moments de doutes, des galères et des ajustements à faire.
C'est fou tout le chemin parcouru depuis que nous nous connaissons !
Le résultat est plutôt positif et gratifiant.
Merci d'avoir partagé ça avec moi.
Et maintenant, c'est quoi la suite ?

Maintenant, nous avons un nouvel objectif : préparer un long voyage en roulotte, en famille !
Salut ! C'est trop bien de vous revoir !!
Elle est magnifique cette maison, vous avez bien bossé !
Revoilà Tanguy et Mado, les woofers du confinement qui sont finalement restés un an chez Camille et Guillaume.
Prêts à nous laisser votre ferme pour six mois ?
Moi oui, c'est plus difficile pour Guillaume. Ça fera du bien à notre couple et aux filles de quitter un peu la ferme et de se changer les idées.
Mes parents passeront quelques fois vous donner un coup de main. Depuis que mon père est à la retraite, c'est devenu un vrai paysan !!

*Loi n°2021-1109 du 24 août 2021, l'instruction en famille n'est possible que sous demande de dérogation à l'Éducation nationale.

Le matin du départ.
C'est bon, tout est prêt ?
J'ai chargé la roulotte, c'est tout bon, on peut y aller.
Profitez-en bien les filles, ça va être incroyable !

Même si la roulotte est grande nous essayons de voyager léger. Le but étant de passer de bons moments en famille et de profiter de notre voyage sans nous alourdir.
Petit aménagement cuisine
Valise de vêtements
Notre lit d'adulte chauffeuse
Le lit de Jeanne
Sac d'habits
Caisse métallique avec ustensiles de cuisine et nourriture
Le lit d'Ambre

C'est parti, direction l'océan. Aujourd'hui, nous devrons faire 30 km en six heures.
C'est bien que nous partions, après des mois de travail sur la maison, Guillaume avait besoin de prendre du recul.
Ces deux derniers mois je pense qu'il a fait un burn-out, mais ça, il ne le dira jamais.

En passant dans notre village, c'est l'effervescence ! Tout le monde est là pour nous acclamer et nous dire au-revoir.
Au revoir les mille-pattes !
Toutes ces personnes qui sont venues ! C'est tellement émouvant !!
Bravo !
Bon voyage, la famille !

Je crois qu'on nous aime bien dans le village !
C'est une certitude !!
520
Au final, on est vraiment bien ici !
tap
tap
tap
FiN

En vrai !

Voyage en Nouvelle-Zélande

Test de la barque sur le lac d'Annecy

Yourte et son jardin

La famille dans leur champ

Attelage de Ciki et Olympe

Construction de la grange avec le tracteur

Tonte aux forces

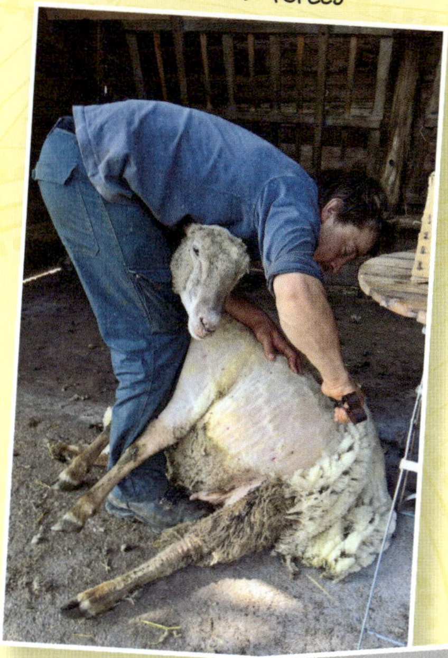

Grange finie

Récolte des foins en famille

Les moutons, Florette
et la chienne Floss

Labourage avec Ciki

Balade en roulotte avec Ciki

Postface

Il n'est jamais aisé de dépeindre un quotidien néorural sans sombrer dans la caricature (nous sommes bien placés pour le savoir).

Or, selon nous, **Zoéli** a réussi la prouesse de raconter ces changements de vie avec justesse et légèreté tout en dévoilant de nombreuses informations techniques pour accompagner les transitions à l'œuvre.

Nous nous sommes reconnus dans presque chaque étape de l'histoire : la perte de sens, le voyage, le nouveau rêve, la confrontation à la réalité de la vie rurale, notre petitesse face aux éléments, faire face aux préjugés des locaux mais aussi aux nôtres...

Selon nous, ce qui lie l'aventure vécue par **Camille, Guillaume et leur famille** avec le cheminement que nous avons nous-mêmes effectué, c'est ce premier pas, comme un saut vers l'inconnu, qui nous amène à quitter une route toute tracée pour marcher vers notre destin.

On ne saurait insister sur l'importance que revêt pour nous ce premier pas ; il envoie un signal dans la grande toile du vivant, qui se chargea en retour d'élaborer les conditions pour que nos rêves aboutissent.

Nous, humains, aimons les histoires car elles nous inspirent par-delà les discours ; elles permettent d'élargir nos horizons et de déployer de nouvelles réalités. Et à travers cette narration, Zoéli nous dessine un peu plus les contours de cette humanité pour laquelle nous œuvrons chaque jour : une humanité qui agrade la Terre, **une humanité qui s'intègre dans les écosystèmes en réinventant sa place au sein des territoires**.

Puisse ce beau témoignage donner envie à de nombreuses personnes de sortir de leur zone de confort pour aller vers leur zone de magie.

Caroline Perez et Jonathan Attias
Cofondateurs de la Désobéissance Fertile

Remerciements

Un grand merci à **Sarah** et **Antoine**, ainsi qu'à **mon mari** qui est mon premier relecteur critique. Je remercie également **Louise Giovannangeli** et **Marie Pichon**, mes éditrices, sans qui ce projet n'aurait pas vu le jour.

Un chaleureux merci à **Caroline Perez** et **Jonathan Attias**, cofondateurs de **Désobéissance Fertile**, pour leur gentil mot et leurs encouragements.

J'ai aimé la compagnie de **Camille** et **Guillaume** durant ces huit mois de création.

Merci à tous ceux qui ont participé à l'élaboration de cette BD.

Zoéli

Achevé d'imprimer en février 2024 par Graphycems en Espagne.
Dépôt légal : mars 2024.